Matthias Gose & Torsten Laudien

Das kleine Thüringer Kloßbuch

Rhino Westentaschen-Bibliothek
Band 14

Matthias Gose & Torsten Laudien

Das kleine Thüringer Kloßbuch

RHINOVERLAG

Trotz gewissenhafter Bearbeitung kann eine Haftung für den Inhalt nicht übernommen werden. Für aktuelle Ergänzungen und Anregungen ist der Verlag jederzeit dankbar.
Wir bedanken uns bei allen, die uns unterstützt haben.

Fotos: Seiten 2, 72: Dr. Lutz Gebhardt; Seiten 7, 13, 17, 25, 31, 34, 88: Dr. Frank Löser; Seiten 9, 76–78: DEHOGA Thüringen Kompetenzzentrum; Seiten 36, 38, 47, 50, 57, 66, 81, 83, 92: ABLIG Feinfrost GmbH; Seite 43: foto ed, Meiningen; Seite 75: Bernd Hutschenreuther (CC-BY-SA 3.0); Seite 84: Thüringen Welt, Suhl

Impressum

Am Hang 27, 98693 Ilmenau
Tel.: 03677 / 46628-0, Fax: 03677 / 46628-80
www.RhinoVerlag.de

Titelbild:	Barbara Pheby, fotolia.com
Layout, Satz:	Werbepunkt Ute Schmidt, Geraberg
Schrift:	Garamond
Titelgestaltung:	Jana Rogge, Weimar

8. Auflage 2023
ISBN: 978-3-95560-014-3

Inhaltsverzeichnis

Einführung in die „Kloßologie"

Thüringen, das „grüne Herz Deutschlands", ist für vieles bekannt – für seine Landschaft, seine Gastfreundschaft und seine leiblichen Genüsse. Bei letzteren ragen zwei Speisen ganz besonders heraus. So sehr, dass sie mit großem Stolz den Beinamen „Thüringer" führen. Gemeint sind die Thüringer (Rost-)Bratwürste und – natürlich – die Thüringer Klöße. Wenn es um diese kulinarischen Heiligtümer geht, verstehen die Thüringer auch keinen Spaß. Mehr noch: Sie machen eine Wissenschaft daraus. In unserem Falle die „Kloßologie".

Damit sich ein Wissensgebiet mit Fug und Recht Wissenschaft nennen darf, müssen zwei Voraussetzungen erfüllt sein: Forschung und Lehre. Derzeit bedeutendster Vertreter der Kloßologie ist der Erfurter Stadtführer Matthias Gose. Das hier vorliegende Buch basiert auf seinen Forschungsergebnissen und beinhaltet seine „Lehrtraktate".

Mithin ist dieses Buch also das Standardwerk der modernen Kloßologie.

Im 1. Deutschen Kloßpressenmuseum Großbreitenbach

Einführung in die „Kloßologie"

Begründer der Kloßologie war Carl Wilhelm Ernst Putsche – ein vielseitig interessierter Pfarrer aus dem kleinen Örtchen Wenigen-Jena. Das besondere Interesse dieses Gottesmannes galt der Kartoffel. Darum veröffentlichte er zu Beginn des 19. Jahrhunderts ein Buch mit dem Titel „Versuch einer Monographie der Kartoffeln oder ausführliche Beschreibung der Kartoffeln, nach ihrer Geschichte, Charakteristik, Kultur und Anwendung in Deutschland".

Neben der schon genannten Ausbildungseinrichtung wird die Kloßologie heute noch an einem weiteren Ort gepflegt, in der Thüringer Kloß-Welt Heichelheim. Hier befinden sich neben dem weltweit einzigartigen Kloßmuseum auch eine Kinder-Kloß-Welt und die Thüringer Kloß-Manufaktur. Die Kloß-Welt Heichelheim gilt damit als das Mekka der Kloßologie.

Matthias Gose als Kloßpfarrer höchstpersönlich

Einführung in die „Kloßologie“

Der Thüringer Kloß im Allgemeinen und im Besonderen

Thüringer Klöße, Grüne Klöße, Hütes, auch Knölla sind handgeformte, aus ⅔ rohen, geriebenen und ⅓ zerkochten Kartoffeln hergestellte, kugelrunde Nahrungsmittel, die im Original die Größe eines Kindskopfes haben sollen. Im Sinne heutiger Ernährungsgewohnheiten sollte man sich auf die Kopfgröße eines Neugeborenen beschränken.

Grüne Klöße sind in manchen Gegenden Klöße, die nur aus rohen Kartoffeln hergestellt werden. Die Bezeichnung Hütes (mancherorts auch Hüts, Höbes oder Hebes) geht auf die Entstehungssage zurück, von der noch die Rede sein wird. Mit Knölla wird in der Gegend um Lauscha die knäuelförmige Erscheinung des Kloßes beschrieben.
Kloßrezepte sind Bestandteil der regionalen Kultur. Sie werden von Generation zu Generation weiter gegeben. Es gibt zwischen einzelnen Dör-

fern, Regionen und Familien Unterschiede in der Zubereitung, die jeweils als das „Originalrezept“ – zur Not bis aufs Blut – verteidigt werden. Der Unterschied besteht insbesondere darin, wie das Verhältnis zwischen rohen und gekochten Kartoffeln ist, ob und welche Semmelbrösel (auch Bröckchen oder Weckbröckla genannt) verwendet werden, ob die Kartoffelstärke, die sich im Reibewasser der rohen Kartoffel absetzt, beigemischt wird und ob geschwefelt wird. Auch über die „richtige“ Konsistenz der verzehrfertigen Klöße gibt es unterschiedliche Ansichten, wobei sehr weiche, auf dem Teller zerfließende oder festere, bis hin zu kugelstabilen Zubereitungen bevorzugt werden können

Die Rolle des Kloßes in der Thüringer Küche

Thüringer Klöße werden traditionell zum Sonntagsbraten mit viel Soße und Krautsorten serviert. Ideale Sonntagsbraten zu Klößen sind Wildgerichte, schwere Geflügel wie Ente oder Gans, Sauerbraten, Rouladen, Gulasch und andere Braten aus dunklem Fleisch. Nicht geeignet sind Fisch und Krustentiere, helle Soßen und Rohkost.

Allerdings sind selbst bei orthodoxer Auslegung dieser Regel zwei Ausnahmen statthaft:

- Der traditionelle Neujahrskarpfen darf durchaus auch mit Klößen serviert werden.
- Im fischreichen Plothener Seenland bei Schleiz dürfen Klöße zu allen Fischgerichten gereicht werden, sonst kämen die dortigen Eingeborenen wohl nie in diesen Genuss.

Besondere Bedeutung bei Kloßgerichten kommt der Soße zu. Diese muss reichlich vorhanden sein. Die Faustregel lautet „Schwimme’ mösse ’se! – Schwimmen müssen sie“.

Der Ursprung der Kartoffel

... und wie sie nach Thüringen kam

Wer die tieferen Geheimnisse der Kloßologie ergründen will, muss sich zunächst mit ihren Grundlagen beschäftigen. Die Grundlage eines jeden Kloßes ist nun einmal die Kartoffel. Um ihre Bedeutung zu ermessen, seien einige Fakten vorangestellt. Jährlich werden weltweit etwa 300 Millionen Tonnen Kartoffeln geerntet. Deutschland spielt dabei allerdings eine kaum erwähnenswerte Rolle:

Der Ursprung der Kartoffel

China ist das Land mit dem größten Kartoffelanbau der Erde. Die Kartoffel ist das viertwichtigste Nahrungsmittel der Welt; daneben aber auch Futtermittel und Industrierohstoff.

Von weltweit über 5.000 registrierten Kartoffelsorten sind die meisten sogar essbar. Aber nur rund 150 Sorten sind in Deutschland zugelassen und davon sind wiederum nur 15 Sorten von größerer wirtschaftlicher Bedeutung. Dass die Geschmäcker in Deutschland bei Kartoffeln sehr verschieden sind, beweist folgende Aufstellung: Im Nordwesten Deutschlands isst man lieber festkochende Sorten, wie Belana, Princess oder Anabelle. In Baden-Württemberg, Bayern, Berlin, Thüringen und Sachsen mag man die vorwiegend festkochenden Sorten, wie Gala, Marabel oder Toscana. Mehlige Kartoffeln, wie zum Beispiel Gunda, Miranda, Melody oder Talent werden im restlichen Ostdeutschland und Bayern gern verzehrt.

Der Ursprung der Kartoffel

Übrigens gibt es eine einleuchtende Erklärung dafür, warum die Namen der Kartoffelsorten weiblich sind. Der Kartoffelbauer gab den besten und größten seiner Kartoffeln den Namen seiner hübschesten Tochter.

Die Herkunft der Kartoffel

Die Heimat der edlen Knolle, deren lateinischer Name „Solanum Tuberosum“ lautet, ist in Südamerika zu suchen. Mit der Eroberung des Inkareiches durch die spanischen Konquistadoren wurden nicht nur Schätze aus Edelmetall, sondern ebenso verschiedene Nutzpflanzen nach Europa verbracht. Es waren vor allem Mönche, die sich für das Wissen der Inka und deren Landwirtschaft interessierten. Noch mehr interessierten sich die Mönche allerdings für Gold, was den Eingeborenen später zum Verhängnis werden sollte. Während das Edelmetall den Weg in die Schatzkammern der europäischen Herrscher nahm, fanden sich die goldwerten Erdfrüchte später auf jedermanns Tisch wieder.

Eine Knolle erobert die Welt

Es gilt als gesichert, dass die Kartoffel ihre Reise durch Europa von Spanien aus angetreten hat. Leider kennen wir den Namen des ersten Kartoffelimporteures nicht. Nur die Reisestationen der Kartoffelpflanze lassen sich noch nachvollziehen. Als wichtigster Umschlagplatz für den spanischen Überseehandel von und nach Amerika galten die Kanarischen Inseln, denn diese liegen für die Seefahrt in günstiger Ausgangsposition. Das hatte schon Christoph Columbus erkannt, der auf der schönen Insel La Palma vor Anker ging, um seine kleine Flotte mit frischem Wasser für die lange Expedition ins Unbekannte zu versorgen.

Noch heute benutzt man auf den Kanaren das ursprünglich indianische, aus der Quechua-Sprache

Der Ursprung der Kartoffel

Symbolische Übergabe der ersten Kartoffel (W. Guntermann)

übernommene Wort „papa“ für Kartoffel. Die typischen, in Salzwasser gekochten Runzelkartoffeln sind eine wahre Köstlichkeit und werden papas arrugadas genannt.

Für das erste Eintreffen der Kartoffel in Europa haben verschiedenste Quellen und Belege herhalten müssen. Viele nahmen das Verdienst, die Kartoffel heimisch gemacht zu haben, für sich in Anspruch. Man kann aber davon ausgehen, dass in der Zeit um 1560 spanische Mönche die ersten Kartoffeln ins Land brachten. Als frühester Beleg für das Eintreffen der Kartoffel auf dem spanischen Festland gilt eine Eintragung aus dem Jahre 1573 im Wirtschaftsbuch des Hospital de la Sangre in Sevilla. Man verzeichnete den Einkauf von Kartoffeln, zur Stärkung der Kranken und Genesenden.

Im Jahre 1552 schrieb Francisco Lopez de Gomara in seiner Historia general de las Indias: „[…] die

Einheimischen [Indios der Gegend um den Titicacasee, d. A.] ernähren sich von Mais und papas [Kartoffeln] und werden 100 und mehr Jahre alt."

Andere Quellen lassen die Kartoffel mit Hilfe englischer Seefahrer nach Europa gelangen. Der berühmte Pirat Sir Francis Drake soll sie von seinen Kaperfahrten mitgebracht und in England verbreitet haben. Ebenso wird Sir Walter Raleigh das Verdienst zugesprochen die Kartoffel in Irland heimisch gemacht zu haben. Heute geht man aber davon aus, dass ein historisch bedeutsames Ereignis, wie die Ankunft der Kartoffel, ganz einfach auch mit einem berühmten Namen in Verbindung gebracht werden musste. Interessant ist übrigens auch die These, dass Kartoffeln an die Strände von Irland und England schlicht angeschwemmt wurden. Sie stammten demnach von den besiegten spanischen Schiffen der 1588 untergegangenen Armada. Zahlreiches Beutegut (darunter Kartoffeln) wurde nach Stürmen und Seeschlachten an die Küsten gespült. Der Anbau der Kartoffel ist in Irland ab 1606 nachgewiesen. Rasch stieg sie dort zu einem Grundnahrungsmittel auf.

Die Kartoffel wird deutsch

Im ausgehenden 16. Jahrhundert wurden auch in deutschen Landen Kartoffelpflanzen bekannt. Jedoch hat man sie zunächst lediglich als exotische Blütenpflanzen in botanischen Gärten angebaut. Doch schon da gab es erste Hinweise darauf, dass die Gewächse zu mehr taugten, als zur bloßen Betrachtung.

Kurfürst Christian I. von Sachsen durfte sich im Jahre 1591 über ein Geschenk des hessischen Landgrafen freuen. Dieser übersandte dem Kurfürsten eine Kartoffelpflanze, deren Wurzeln Knollen hervorbringe, welche, „wenn sie gekocht werden, gar anmutig zu essen sind.“

Der Ursprung der Kartoffel

Erst um die Mitte des 17. Jahrhunderts brachte der Bauer Hans Roggler die ersten Kartoffeln aus Süddeutschland ins Vogtland mit. Das Vogtland, das seit jeher mit kargen landwirtschaftlichen Erträgen zu kämpfen hatte, wurde schnell zu einer dankbaren neuen Heimat für die nährende Knolle. Missernten konnten Engpässe in der Versorgung mit Getreide zur Folge haben. Die einfache Bevölkerung litt oftmals unter dem Mangel an Brot. Durch den Kartoffelanbau ließen sich die Hungersnöte zumindest lindern. Vom Vogtland aus eroberte die Kartoffel das Erzgebirge, gleichzeitig übernahm man auch im nördlichen Oberfranken den Kartoffelanbau. Man kann verstehen, dass sich gerade in den Gebirgsregionen die neue Feldfrucht leichter etablieren konnte.

Zum einen kam der Kartoffel, deren ursprüngliche Heimat bekanntlich die Anden sind, die gebirgige Umwelt klimatisch entgegen. Zum anderen waren hier die Bauern offener, weil ihnen ohnehin nur wenig Raum zur Landwirtschaft zur Verfügung stand und die kargen Böden sich für den Getreideanbau nicht sonderlich gut eigneten. Ähnlich verhielt es sich im Thüringer Wald.

Wichtigster Wegbereiter der Kartoffel in den deutschen Landen war jedoch zweifellos der preußische König Friedrich II., der „Alte Fritz". Weil Preußen und vor allem Schlesien Mitte des 18. Jahrhunderts von Hungersnöten heimgesucht wurden, die Bauern aber von der fremdländischen Hackfrucht nichts wissen wollten, griff der erfolgreiche Heerführer Friedrich zu einem probaten Mittel, dem Befehl. Er wies seine Beamten kurzerhand an, für die Verbreitung der Kartoffel zu sorgen.

In gleich zwei seiner Rundschreiben kann man das nachlesen, was heutzutage als „Kartoffelbefehl" bekannt ist.
Das erste vom 24. März 1756 lautete wie folgt:

Der Ursprung der Kartoffel

„Circulare an sämtliche Landräte und Beamte wegen Anbauung der Tartoffeln"

„Es ist von uns in höchster Person in unseren anderen Provinzen die Anpflanzung der sog. Tartoffeln, als ein sehr nützliches und sowohl für Menschen als Vieh auf sehr vielfache Weise dienliches Erd-Gewächse, ernstlich anbefohlen. Da Wir nun bemerkt, daß man sich in Schlesien mit Anziehung dieses Gewächses nicht sonderlich abgibt als [darum] habt ihr denen Herrschaften und Untertanen den Nutzen von Anpflanzungen dieses Erd-Gewächses begreiflich zu machen, und denselben anzuraten, daß sie noch dieses Frühjahr die Pflanzung der Tartoffeln, als einer sehr nahrhaften Speise, unternehmen müssen, besonders dadurch die armen Bauern und Untertanen in den Stand gesetzt werden, manchen Scheffel Korn mehr zu verkaufen, welchen sie sonst zum Brote anwenden müssen, mithin ihrer [so im Original; richtig: ihnen] die Unterhaltung ihrer Familien, und Abführung ihrer praestandoren [Verpflichtungen] leichter fallen wird, indem diese Frucht bekanntermaßen sich sehr

vermehrt, man auf gleichem Terrain von keinem Gewächse mehr, als den Tartoffeln gewinnen kann, wie dann auch die Domina [Gutsherren] und Untertanen finden werden, daß sie von der Erziehung dieses Erd-Gewächses, teils dadurch, daß sie solches selbst konsumieren, und dabei viel Getreide zu menagieren [sparen] im Stande gelangen, teils aber auch durch deren Verkauf und Führung zu Markte sehr guten Nutzen haben können, und müssen übrigens diejenige Örter, die zur Zeit noch mit gar keinen Tartoffeln versehen, von andern Orten sich dergleichen zur Saat anschaffen.“

Allein, es nützte nichts. Der König, der viel in seinen Landen herumreiste, konnte kaum Fortschritte feststellen. Aber daraus lernte er etwas: Wo es an Kenntnissen fehlt, hilft auch der strengste Befehl nichts. Die zweite „Ordre“ vom 5. April 1757 vermerkt, dass es „an Kenntnis fehle, wie diese Tartoffeln anzupflanzen“ und wozu sie zu verwenden sind. Deswegen wird eine lange Anleitung gegeben über geeigneten Boden, Bodenbearbeitung, Aus-

„Der König überall", Gemälde von R. Warthmüller

Friedrich II. bei der Inspektion der Kartoffelfelder im Oderbruch.

pflanzen der Kartoffeln und Verwendung für die menschliche Ernährung sowie als Viehfutter. Und es ergeht Anweisung an die Beamten Seiner Majestät, gefälligst mehr Einsatz bei der Umsetzung königlicher Befehle walten zu lassen.

„Wo nur ein leerer Platz zu finden ist, soll die Kartoffel angebaut werden, da diese Frucht nicht allein sehr nützlich zu gebrauchen, sondern auch dergestalt ergiebig ist, daß die darauf verwendete Mühe sehr gut belohnt wird. (…) Übrigens müßt ihr es beym bloßen Bekanntwerden der Instruction nicht bewenden, sondern durch die Land-Dragoner und andere Creißbediente Anfang May revidieren lassen, ob auch Fleiß bey der Anpflantzung gebraucht worden, wie Ihr denn auch selbst bey Euren Bereysungen untersuchen müsset, ob man sich deren Anpflantzung angelegen seyn lasse."

Als auch das nichts half, griff der Alte Fritz zu einer Kriegslist: Er ließ Soldaten um die Kartoffelfelder aufmarschieren und sie bei Nacht bewachen.

Das erregte das Interesse seiner Bauern. Etwas so gut Bewachtes musste einen hohen Wert haben. Sie stibitzten die Feldfrüchte und lernten sie alsbald schätzen.

Anders als in den gebirgigen Regionen des Thüringer Waldes hatte es die Kartoffel in der Mitte des fruchtbaren Thüringer Beckens viel schwerer. Die Böden waren ertragreicher und so hielt man an bewährten Anbaumethoden fest. Das sogenannte Triftrecht verhinderte lange Zeit den Anbau von Kartoffeln.

Nach dieser alten Grunddienstbarkeit durften die Bauern nach der Ernte ihr Vieh auf die Felder treiben. Da das vertrocknete Kartoffelkraut aber nicht als Futter taugt, konnte sich auch die Kartoffel zunächst nicht durchsetzen. Wohl deshalb wurden die ersten nachweislichen Kartoffeln 1659 zunächst im Jenaer Botanischen Garten angepflanzt.

Der Ursprung der Kartoffel

Auch Goethe liebte Kartoffeln

Seit etwa 1730 sah der jagdbegeisterte Herzog Ernst August zu Sachsen-Weimar in der Kartoffel eine gute Lösung für eines seiner Probleme. Er ließ im weimarischen Lande Kartoffeln anbauen. Allerdings nicht um etwa den Hunger der Bevölkerung zu stillen – nein, er entdeckte die Kartoffel als Futtermittel für Wildschweine! Auf den „Cammer-Güthern seien zum Behuf der Prunstplätze und Ankörnung derer wilden Schweine" Kartoffeln anzubauen. Das heutige Kartoffelmekka Heichelheim bei Weimar, das damals ein fürstliches Kammergut gewesen war, konnte die ersten Kartoffelernten vermelden.

Schließlich setzte sich die nahrhafte Knolle aber auch als Nahrungsmittel durch, wie ein Vers des Dichters Goethe beweist:

Morgens rund,
Mittags gestampft,
Abends in Scheiben,
dabei will ich bleiben,
Das ist gesund."

Der Ursprung der Kartoffel

Dieses Gedicht entstand 1814 bei einem Besuch Goethes im Rheingau. Dennoch gilt es als historisch belegt, dass auch die Thüringer den Nährwert der Knolle für sich selbst erkannt hatten.

Der „Wirkliche und Geheime Rath“ des Großherzogs Carl August von Sachsen-Weimar-Eisenach wäre nicht der, als der er heute gilt, wenn er nicht den Großteil seines Lebens im damals wie heute beschaulichen Weimar zugebracht hätte. Dort und auf seinen ausgedehnten Reisen durch die Lande seines Herzogs muss er auch die Kartoffel und den Thüringer Kloß kennen und schätzen gelernt haben, zumal die ersten überlieferten Kloßrezepte von Anfang des 19. Jahrhunderts datieren. Selbstbewusst und lokalpatriotisch, wie die Thüringer sind, behaupten sie, dass das Œuvre des Meisters ohne den oftmaligen Genuss der Thüringer Klöße nicht möglich gewesen wäre.

Der Ursprung der Kartoffel

- Mitte des 17. Jahrhunderts als Gartenpflanze im Vogtland
- um 1700 erster Anbau im Greizer Land
- 1741 erster Anbau im Erfurter Gebiet
- 1756 Kartoffelbefehl von Friedrich II.
- 1757 Verordnung zum Anbau der Kartoffeln des Großherzogs Ernst-August von Sachsen-Weimar
- 1771/72 nach der großen Hungersnot förderten aufgeklärte Herrscher den Anbau der Kartoffeln (u. a. Friedrich II. von Preußen), dies war der endgültige Durchbruch der Kartoffel
- 1808 erstes schriftliches Kloßrezept von der Pfarrei Effelder bei Sonneberg

Aus der Kartoffel wird ein Kloß

Wie wurde nun aus der Kartoffel der berühmte Thüringer Klassiker? Das Wort Kloß stammt vom althochdeutschen „kloz“ für „Klumpen, Knolle oder auch Kugel“ ab. Entstanden ist er aus der Not heraus. Schlechte Ernten und teures Getreide haben Thüringer-Wald-Frauen erfinderisch gemacht. Nachdem der Versuch aus Kartoffeln Brot zu backen gescheitert war, experimentierten sie

mit geriebener und gekochter Kartoffelmasse und es entstand der erste Thüringer Kloß. Das war etwas nach 1800. Das Festtagsessen hat sich schnell durchgesetzt und so kommt es, dass auch heute der Spruch „Ein Sonntag ohne Klöße – verlöre viel von seiner Größe“ nichts von seiner Bedeutung verloren hat.

Heute wird der Kloß regional verschieden benannt. Für den einen sind es Kließ, für den anderen Hübes oder Hütes. Fest steht, der Original Thüringer Kloß braucht Semmelbröckchen, -brösel oder auch -breckele oder im Thüringer Wald Weckbröckle. Dafür gibt es zwei Gründe. Durch die gerösteten Bröckchen wird der Kloßmasse auch von innen Feuchtigkeit entzogen, was das Zerkochen verhindern hilft. Außerdem: Je größer die Klöße, desto länger die Ziehzeit. Damit der Kloß auch innen durch ist, wird die Masse durch Bröckchen ersetzt.

Thüringer Klöße heute

Die Welt ist im Wandel, dieser Wandel macht auch vor Thüringen und dem Thüringer Kloß nicht halt. Längst haben sich auch in den Küchen zwischen Eichsfeld und Thüringer Rhön die Produkte der modernen Lebensmittelindustrie durchgesetzt. Die aufwändige Prozedur der Kloßherstellung, an der früher nicht selten die ganze Familie teilnehmen musste, gehört in vielen Haushalten der Vergangenheit an. Dennoch wird die Tradition des Thüringer Kloßes auf moderne Art fortgeschrieben.

Maschinen erleichtern das Reiben

Noch weit bis in die 1960er-Jahre hinein war die Kloßherstellung mit mühsamer Handarbeit verbunden. Allein das Reiben der Kartoffeln sorgte für unendlich viele aufgeschürfte Hände. Für erste Erleichterungen sorgten Küchenmaschinen. So genannte Entsafter wurden nicht nur für die Fabrikation von Obst- und Gemüsesäften eingesetzt. Pfiffige Thüringer nutzten die Entsafter sehr oft für die Kloßproduktion. Die Maschinen zerrieben nicht nur das Fruchtfleisch von Äpfeln und Möhren, sondern eben auch die geschälten Kartoffelknollen. Dabei war aber nicht die austretende Flüssigkeit das erhoffte Produkt, sondern die

Klöße am laufenden Band

zerriebene Masse, die ein brauchbares Schab darstellte. Dann ging es weiter, wie bei der herkömmlichen Kloßherstellung.

Fertigprodukte von hoher Qualität

Die so genannten '68er-Jahre gelten gemeinhin als Jahre des Aufbruchs. Und so war das Jahr 1968 auch ein Jahr des Aufbruchs in eine neue Kloßepoche. Es schlug die Geburtsstunde der maschinellen Herstellung von Kloßmasse. Die ZBE [Zwischenbetriebliche Einrichtungen, d. A.] Kartoffellagerhaus Heichelheim, Kartoffellagerhaus Andisleben und der VEB Thüringer Früchtekonservierung Greußen schlossen sich zum Zwecke der Produktion von Kloßmasse zusammen. In Heichelheim und etwas später auch in Andisleben wurden die Kartoffeln geschält und die Kloßmasse hergestellt. Mit Kühlfahrzeugen wurde diese dann zum Frosten nach Greußen gefahren. Später frostete man auch in Heichelheim.

Damit war der Grundstein für die heutige Kloßmanufaktur Heichelheim gelegt.

Kloßliebhaber können heutzutage durchaus und ohne Bedenken auf das mühselige Reiben ver-

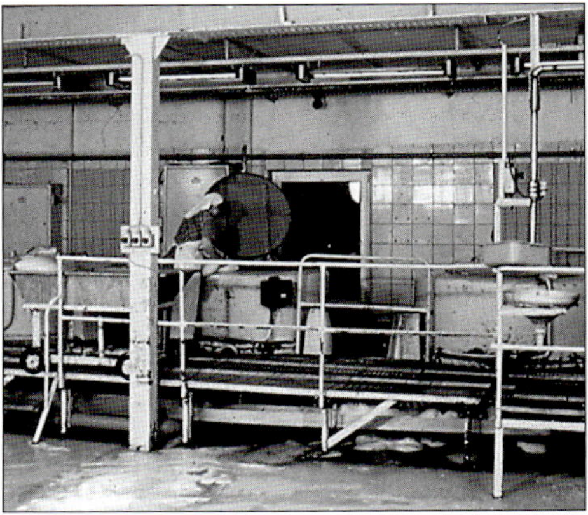

Kloßmasseschleudern in Heichelheim (1975)

zichten, wenn sie ihren Einkauf im Supermarkt bewusst tätigen. Thüringer Hersteller, wie „Heichelheimer“ oder „Emmi's“ haben es sich zur Aufgabe gemacht, qualitativ hochwertige sogenannte Convenience-Produkte herzustellen und zu vermarkten. So finden sich in den Kühlregalen und Tiefkühltruhen vieler Supermärkte Erzeugnisse wie Kloßteige mit und ohne Bröckchen, rohe Kartoffelmasse aber auch fertige Klöße, wie die Sonntagsklöße, Kartoffelklöße und Grüne Klöße. Auch Hersteller aus anderen Gegenden bieten Kloßmasse für Klöße Thüringer Art an.

Dabei legen die Thüringer Produzenten Wert darauf, dass der Verbraucher mit gleichbleibend hoher Qualität versorgt wird, die er vom Feld bis hin zum Produzenten nachvollziehen kann. Die Heichelheimer zum Beispiel drucken auf jede Verpackung ihrer Sonntagsklöße den Landwirt, das Feld, die Sorte und den Weg, den die Kartoffel vom Feld bis zum Verarbeitungsbetrieb genommen hat. Transparenter geht es nicht.

Wer es ganz genau wissen will, kann diesen Kartoffel- oder Kloßweg anhand der Daten auf der Verpackung unter www.heichelheimer.de exakt nachvollziehen.

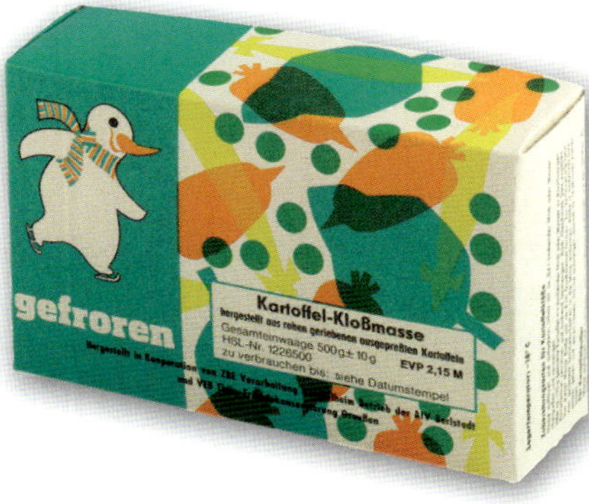

Tiefgefrorene Kartoffel-Kloßmasse, 500 g zu 2,15 M (1972).

Thüringer Klöße heute

Das moderne „Reinheitsgebot“ für Thüringer Klöße

Übrigens verarbeiten die Heichelheimer ausschließlich Kartoffeln, die auf Thüringer Feldern groß geworden sind und das Thüringer Kartoffelsiegel tragen. Das ist fast so etwas wie ein Reinheitsgebot. Insofern ist so ein Thüringer Kloß aus der Tiefkühltruhe oder dem Kühlregal auch wirklich ein Thüringer Kloß. Denn: Thüringer Klöße sind ohne Thüringer Kartoffeln undenkbar. So ein Sonntagskloß besteht nicht aus irgendwelchen Kartoffeln, es müssen mehligkochende, sehr stärkehaltige, gelbfleischige Kartoffeln sein. Die wachsen am besten auf den lehmhaltigen Lößböden Thüringens. Farbstoffe und Zusatzstoffe kommen dadurch erst gar nicht in die Klöße. Und: Klöße und Kloßmasse werden in Thüringen industriell nur zwischen September und etwa Ostern hergestellt. Danach sei die Qualität der Kartoffeln für die Produktion nicht mehr ausreichend. In der Saison wird allerdings gut vorgearbeitet und in Kühlhäusern eingelagert, damit es in den Supermärkten niemals zu Engpässen kommt. Merke: Ein Sonntag ohne Klöße verlöre viel von seiner Größe!

Handgemachte Qualität mit Brief und Siegel

Auch wenn es an den Fertigprodukten wenig auszusetzen gibt: Rechtgläubige Kloßfreunde schwören auf die handgemachte Qualität. Nur so könne dieses historisch-kulinarische Markenzeichen der Thüringer Küche bewahrt werden. Dazu gibt es ab dem Jahr 2013 ein „Kloßsiegel". Dafür können sich Gastronomen bewerben, die in ihren Betrieben entweder klassisch alles von Hand machen oder ihre Thüringer Klöße unter ausschließlicher Verwendung von Thüringer Kloßschab herstellen. Um das Siegel zu erhalten, muss der Wirt eine Ehrenerklärung abgeben, in der er sich verpflichtet, auch über den Verleihungstermin hinaus nach den Vergabekriterien seine Klöße herzustellen. Die mit dem Siegel zertifizierten Betriebe müssen absichern, dass auch bei „schwachem Geschäft" der Kloß frisch und handgemacht auf den Tisch kommt.

Dieses Siegel soll den Boden dafür bereiten, dass der Thüringer Kloß eines Tages auch den Schutz als geografische Herkunftsbezeichnung genießt. Bis dahin ist es jedoch noch ein weiter Weg, zumal das Bundespatentamt einen diesbezüglichen Antrag bislang abgelehnt hat.

Apropos Weg: Ein solcher konnte von den Thüringer Kloßaktivisten eingerichtet werden, die Thüringer Kloßroute. An ihr liegen Orte, die sich der Pflege des originalen Thüringer Kloßes verschrieben haben. Natürlich die Lokale, die Inhaber des Kloßsiegels sind, aber auch Einrichtungen wie die Kloß-Welt in Heichelheim oder das Thüringer Kloßpressenmuseum in Großbreitenbach.

Sagen und Geschichten

... rund um den Kloß

Eine Wissenschaft wie die Kloßologie, die sich zu einem Gutteil auf Überliefertes stützt, muss sich zwangsläufig auch mit Sagen und Legenden beschäftigen. Dabei liegt es in der Natur der Sache, dass sich nicht jede Quelle bis ins Letzte überprüfen lässt. Gleichwohl soll zumindest die bekannte Thüringer Sage der Kloßgöttin Holle hier erzählt werden, weil sie die Erklärung dafür liefert, warum die Klöße in manchen Gegenden Hütes heißen.

Die Sage von der Kloßgöttin Holle

Auch die Thüringer haben ihre Sage, die den Ursprung des Kartoffelanbaus in Thüringen und die Entstehung des berühmten Thüringer Kloßes beschreibt. Die heidnische Göttin Holle ließ demnach mit einem späten Frost alle Weinreben in der Gegend erfrieren und bestrafte so die hochmütigen Meininger. Da sie aber auch eine mitfühlende Göttin war, schenkte sie den Meiningern die

Kartoffel und zeigte ihnen, wie man daraus den wohlschmeckenden Kartoffelkloß herstellt.
Diese Sage inspirierte einen bekannten deutschen Dichter zu einem Poem. Als der aus Kranichfeld im Weimarer Land stammende Hauslehrer und Poet Rudolf Baumbach in Triest im Lokal saß und ihn das Heimweh überkam, während er „schnöde Makkaroni“ aß, dichtete er das „Lied vom Hütes“, seinem geliebten Kartoffelkloß.

Meininger Hütes-Holle,

hier bei der Rezeptübergabe an den Bürgermeister

Lied vom Hütes (Auszug)

(Rudolf Baumbach 1840–1905)

Vor langen Jahren schritt einmal
Frau Holle durch das Werrathal,
Um Segen mit den Götterhänden
Der jungen Wintersaat zu spenden.
[…]
Und aus der Schürze zog Frau Holle
Die mehlige Kartoffelknolle.
Wo sonst der Winzer heiß sich mühte
Um Wein von zweifelhafter Güte,
Entstieg den braunen Furchen bald
Grün ein Kartoffelkräuterwald.
[…]
„Noch habt ihr leider nicht entdeckt,
Was hinter der Kartoffel steckt
Und was die kund'ge Hand für Werke
Kann schaffen aus Kartoffelstärke."
Am Herde fand er stehn Frau Holle,
Und der geschwärzten Casserolle

Entstieg soeben riesengroß
Ein dampfender Kartoffelkloß.
Die Göttin aber lichtumflossen,
Von rothem Schimmer übergossen,
Nach Art der überird'schen Geister,
Stand blendend vor dem Bürgermeister
Und sprach: „Nun hab' ich euch gelehrt,
Wie man die Frucht, die ich bescheert,
Den Apfel aus der Erde Schoße
Gestaltet zum Kartoffelkloße,
Wie man das Mark zerquetscht geschickt
Und wie man's rundet, wie man's spickt
Mit Bröcklein zart gebräunter Wecken.

Langt fröhlich zu und laßt's euch schmecken.
Du aber, Haupt des Magistrates,
Du leuchtend Licht des weisen Rathes,
Du Sohn uralten Stadtgeblütes,
Hier hast Du das Receptum. – Hüt' es!"
Frau Holle sprach's, da war sie fort,
Ihr Werk, der Kloß, blieb aber dort.

In Meiningen feiert man noch heute jedes Jahr Anfang Juli das „Hütesfest", um dieses „sagenhafte" Ereignis zu würdigen. Dabei übergibt die Meininger Hütes-Holle dem Stadtoberhaupt das originale Hütesrezept mit den Worten:

„Du Sohn uralten Stadtgeblütes,
Hier hast Du das Receptum. – Hüt' es!"

Die Sage, die im 18. Jahrhundert entstand, hat einen durchaus realen Hintergrund. Das in ihr beschriebene Wetterphänomen ist für den 28. August 1522 geschichtlich belegt. Bei diesem ungewöhnlichen Frosteinbruch wurde die gesamte Ernte der Region zerstört. Damals war die Kartoffel hierzulande noch völlig unbekannt – geschweige denn der Thüringer Kloß. Im 18. Jahrhundert empfand das einfache Volk die Knolle als göttliche Gabe und verwob beides zur bekannten Sage.

Thüringer Kloßrezepte

... im Wandel der Zeiten

Nunmehr wollen wir uns dem praktischen Teil der Kloßologie zuwenden. Wie bereits erwähnt, wurden und werden Kloßrezepte in Thüringer Familien von Generation zu Generation weiter gegeben. Zumeist geschah dies mündlich oder in handschriftlichen Kladden. Gute Quellen findet man aber auch in einigen historischen Kochbüchern

aus dem 19. und dem Beginn des 20. Jahrhunderts, die im Folgenden wiedergegeben werden sollen. Die ursprüngliche Rechtschreibung wurde dabei weitgehend beibehalten.

Kloßrezepte der Pfarrei Effelder (um 1810)

Die ältesten erhaltenen Rezepte für Thüringer Klöße hat Pfarrer Friedrich Timotheus Heim aus Effelder bei Sonneberg in seiner handschriftlich überlieferten „Topographie des Pfarrspiels Effelder“ aus den Jahren 1808–1814 hinterlassen.

„Die Glöße sind von zweierlei Art. Eine Art wird von gesottenen, dann geschälten und geriebenen Erdäpfeln gemacht, in welche man geröstete Semmelbröckchen knetet, und sie entweder in einem Ribes [eine Art Auflaufform] backt, oder wenn sie mit etwas Mehl vermischt sind, wie andere Glöße in einem Tiegel kocht.

Die zweite Art, welche die gewöhnlichste ist, und mit Fleisch gegeßen als Sonntagseßen betrachtet wird, besteht darin, daß man, wie beim Tatsch (roher Kartoffelbrei zur Herstellung von „Daitscher", altes Thüringer Hausrezept für in der Herdröhre gebackenen rohen Kartoffelbrei), die geschälten rohen Erdäpfel auf einem Reibeeisen, klein reibt, dann die Maße in einem Sack thut und mehr malen frisch Waßer darauf schüttet, das man in einen Kübel ablaufen läßt, und endlich die so durchgewäßerte Maße so sehr möglich ausdrückt. Da von diesem Ausdrücken zum Theil die Güte der Glöße abhängt, so hat man eigene Kartoffelpreßen, die im Großen wie Citronenpreßen geformt sind, zwischen deren Blätter der Erdäpfelsack gelegt, und alles wäßrige rein ausgedrückt. Diese trockene Maße wird nun mit einem dünnen Brei von Mehl, oder Gries oder Hirse oder Heisel [Buchweizen], je nachdem man das eine oder andere hat, zu einer Glößmasse angemacht und wie andere Glöße geformt und gekocht. Wer die besonders gut haben will, reißt sie beim Anrichten auf, übergeßt sie mit heißer Butter. In dem abgelaßenen Waßer, das man sorg-

Hier gibt's die guten Thüringer Klöße!
Marke HEICHELHEIMER

fältig aufhebt, setzt sich eine feine Maße, welche man, nach abgeschüttetem Waßer, heraus nimmt, und zum Gebrauch am Ofen oder an der Sonnenhizze trocknet. Dieß ist die Erdapfelstärke, die zwar zum Stärken der Wäsche nicht viel taugt, weil sie nicht hält, und auch das Weißzeug roth macht, aber, zu Mehl zerrieben, zum feinsten Backwerk, selbst zu Torten gebraucht werden kann. […]"

Kloßrezepte der Johanne Leonhardt (1842)

Im handgeschriebenen „Koch Buch v J. Leonhard" von 1842 sind zwei Rezepte zu finden:

Rohe Kartoffelklöße

2 Metzen (ca. 7 kg) Kartoffeln geschält gerieben und tüchtig gewässert dann das Mehl etwas beseitiget von 6 Nößel (ca. 3 Liter) Milch Brei gemacht von ¼ Pfund Gries den Schab damit gebrüht ¾ Pfund Speck 18 Pfennige Semmel darin gerößtet und in jeden Kloß die Semmel inwendig hinein gedrückt dann in wallendes Waßer gethan und eine halbe Stunde gekocht. Der Schab muß aber hübsch ausgepreßt werden.

Rohe Kartoffelklöße

1 Metze große Kartoffeln, geschält gerieben und tüchtig gewässert das Mehl etwas rausgewaschen. Von 3 Nösel Milch Brei gemacht für 1 Pfennig Gries den Schab damit gebrüht ¼ Pfund Speck 12 Pfennige Semmel darin geröstet. Die Klöße ins wallende Wasser gethan und eine halbe Stunde gekocht. Auf diese Masse bekommt man 10 große Klöße.

Rohe Kartoffelklöße nach Christian Oehm (1854)

Das wahrscheinlich früheste gedruckte Rezept findet man bei Christian Oehm: „Praktisches Kochbuch für bürgerliche Hausfrauen, Wirthschafterinnen, Köche und Köchinnen“. Oehm – Küchenmeister des Herzogs von Sachsen-Coburg-Gotha – gab dieses Kochbuch, wie er der

Nachwelt voll Stolz mitteilt, „nach fünfzigjähriger Erfahrung“ im Jahr 1854 in Coburg heraus.

„Sind hauptsächlich in Coburg und auf dem thüringer Wald beliebt. Diese werden auf verschiedene Art zubereitet und manche Hausfrau hat eine besondere Fertigkeit darin, die besten rohen Kartoffelklöße zu machen. Die Kartoffeln werden reinlich geschält (man nimmt immer die Größten dazu), und in kaltes Wasser gelegt, und wenn man glaubt genug zu haben, werden sie in einer großen Schüssel, worin sich ebenfalls kaltes Wasser befindet, auf dem Reibeisen gerieben, dann gießt man noch mehr frisches Wasser dazu. Indessen schneidet man nach Verhältnis der Anzahl Klöße Semmeln in Würfeln und röstet solch ein Butter oder gutem Fett. Die geriebenen Kartoffeln kommen in einen besonders dazu verfertigten Sack, dieser wird fest zugebunden und kommt unter die Kartoffelpresse, in Ermangelung einer solchen kann man auch andere Pressen dazu benutzen, wobei jedoch der Sack zwischen zwei Brettchen gelegt, und das Wasser langsam rein her-

ausgepreßt wird (je trockener die Masse ist, desto schöner werden die Klöße), unterdessen bereitet man mit kochender Milch einen Brei, entweder von Gries, Reis oder Kartoffeln und brüht mit diesem die Kartoffelmasse an. (Manche brühen sie auch blos mit Milch oder gar mit Wasser, dieß ist aber nicht so gut.) Wenn der Teig angebrüht ist, so kommen die gerösteten Semmeln nebst Salz daran, oder wie es die meisten machen, die gerösteten Semmeln kommen, soviel zu einem Kloß nöthig ist, in die Mitte desselben; die Hände werden ins Wasser getaucht und nimmt mit der rechten Hand eine Portion von der Masse, giebt es in die linke und mit den Fingern der rechten wird in den Kloß eine runde Oeffnung gemacht, aber nicht ganz durch, darein werden die gerösteten Semmeln gelegt, der Kloß wird wieder zugedrückt, in das kochende Wasser gelegt und so fort gefahren, bis alle darinnen sind. Man muß jedoch darauf sehen, daß sie gleich wieder ins Kochen kommen. Zu bemerken ist noch, daß der Teig ganz locker sein muß, wenn die Klöße locker und wollig werden sollen. […]"

Klöße von rohen Kartoffeln nach Emma Allestein (1870)

Ein weiteres Kloßrezept findet sich in Emma Allesteins Kochbuch „Das beste bürgerliche Kochbuch vorzüglich für das Haus berechnet". Die uns vorliegende „sechste abermals vermehrte und verbesserte Auflage" stammt aus dem Jahr 1870 und trägt den Untertitel „Ein Handbuch für jede Hausfrau und Köchin, unentbehrlich für Anfängerinnen in der Kochkunst."

„Man schält hierzu die Kartoffeln roh, und reibt sie entweder ganz früh am Morgen, oder noch besser am Abend vorher in reichliches, frisches Wasser. Kurz vor dem Bereiten der Klöse drückt man das Wasser mit den geriebenen Kartoffeln durch einen reinen, leinenen Sack recht rein aus, damit nicht zu viel Mehl im Sack zurückbleibt. Der Inhalt des Sackes wird nun in eine Schüssel geschüttet, und mit einer gleich großen Quantität heißen Milchmuses gebrüht, sei nun dasselbe mit Reis, Gries, Hirse oder auch

nur Kartoffeln bereitet; doch ist dem vom Reis bereiteten der Vorzug zu geben, nur müssen die Reiskörner ganz zerkocht sein. Die Masse rührt man nun gut untereinander, giebt nach Verhältniß derselben in Würfel geschnittene und in Butter geröstete Semmel dazu, salzt es gehörig, sticht dann mit einem Blechlöffel, den man jedesmal ins heiße Wasser taucht, von dieser Masse Klöse ab, und kocht sie in Salzwasser eine reichliche Viertelstunde."

Henneberger Waldklöße nach Henriette Davidis-Holle (1917)

Der Name dieses Rezeptes suggeriert ein Original aus dem Henneberger Land, einer Südthüringer Region, die im Wesentlichen der ehemaligen Grafschaft Henneberg entspricht. Die Gegend um Suhl, Meiningen, Themar und Eisfeld ist sozusagen die Heimat des Thüringer Kloßes. Die Legende von der Holle-Hütes ist hier angesiedelt. Dass die Autorin des Kochbuches Henriette Davidis-Holle heißt, ist eine nette Petitesse am Rande.

Erschienen ist ihr Praktisches Kochbuch für die gewöhnliche und feinere Küche mit dem Rezept der Henneberger Waldklöße im Jahr 1917.

„Man reibt geschälte und gut gewaschene Kartoffeln und begießt sie so lange mit lauwarmem Wasser, bis alles Kartoffelmehl heraus ist; dann preßt man sie recht fest aus,

Klöße mit Pfifferlingen

gießt so viel kochende Milch nebst Salz darüber, daß man einen weichen Teig erhält, zu welchem man noch das im Wasser von den ausgewaschenen Kartoffeln sich absetzende Stärkemehl rührt. Zuletzt tut man noch einige gekochte, kalt geriebene Kartoffeln und in viel Butter geröstete Semmelwürfelchen dazu und formt große Ballen aus dieser Masse, die man rasch in kochendes Wasser mit dem nötigen Salz legt und eine halbe Stunde kochen läßt. Man gibt fetten Braten, als Gänse- oder Schweinebraten, mit reichlich Sauce dazu."

Rohe oder Thüringer Klöße nach Hedwig Kost (1922)

Das Rezept für den heute zumeist gefertigten Thüringer Kloß findet sich im Kochbuch von Hedwig Kost. Entnommen ist es der 3. Auflage, die 1922 in Sonneberg erschien, wo Hedwig Kost eine Kochschule betrieb. Das Buch ist nach ihrem Vorwort als Zusammenfassung all dessen gedacht, was notwendig und wissenswert ist.

„9 ½ Pfd. Rohe, geschälte Kartoffeln (6 Pfd. davon zum Reiben, 3 ½ Pfd. zum Brei), 2 Semmeln zu Bröckchen, 30 g Butter, 40 g Salz, 1 l Wasser, 20 g Salz zum Brei, 4 bis 5 l Kochwasser.

Die Reibekartoffeln werden schnell in lauwarmes Wasser gerieben, dann mit lauwarmem Wasser zweimal abgewässert und im Sack durch die Presse vollständig trocken ausgepreßt. Die Semmeln werden kleingeschnitten und die Bröckchen in Butter geröstet. Die Breikartoffeln werden mit kaltem Wasser und Salz aufgesetzt, weichgekocht und mit dem Wasser zu einem dickflüssigen Brei gestampft. Den fertigen Brei bringt man zum starken Kochen, während man die Kartoffeln aus der Presse nimmt und mit dem abgewässerten Kartoffelmehl und 40 g Salz in einer Schüssel mit den Händen verreibt. Dann wird die Masse mit dem sprudelnd kochenden Brei in drei Absätzen überbrüht und unter Stampfen mit einem großen Quirl zu einem glatten Teig verarbeitet. Man formt die Klöße mit nassen Händen, füllt sie mit Brötchen und gibt sie in kochendes Wasser, in dem sie 10 Minuten ziehen, nicht kochen dürfen. – Wichtig ist, daß Kloßwasser und Brei kochen, ehe man die Kartoffeln aus der Presse nimmt, sonst wird die Masse durch längeres Stehen rot, und die Klöße bekommen eine dunkle Farbe. Die Masse ergibt etwa 18 Stück."

Thüringer Kloßrezept in Reimen (1993)

Auch das gereimte Rezept des Thüringers Gerhard Göllner, das 1993 im Hörselberg Boten erschienen ist, soll nicht unerwähnt bleiben.

Du musst eine Menge Kartoffeln schälen,
ich würde schöne große empfehlen.
Dann darfst Du vor allem nicht vergessen,
zwei Drittel zu reiben und gut auszupressen.
Pressmasse auflockern, kleine Zugabe von Mehl,
mit Salz abschmecken, dann gehst Du nicht fehl.
Aus dem restlichen Drittel kochst Du 1, 2, 3
einen guten dünnen, glatten Brei.

Nun musst Du mit geringen Mühen
die Pressmasse damit überbrühen,
kräftig schlagen und die Klöße formen.
Es gibt große und kleine und keine Normen.
Außerdem ist es immer sehr beliebt,
wenn man Weißbrot-Röstwürfel in die Mitte gibt.

Nun musst Du die Klöße, oft in Massen,
in siedendem Wasser ziehen lassen.
Dazu brauchst Du Dich nicht zu sputen,
gewöhnlich dauert es 10 Minuten.

Beim Auftragen würde ich noch raten.
reiche dazu auch guten Braten.
Gib reichlich Soße und Salate mit.
Ich wünsche guten Appetit!

Und sage zum Schlusse nicht „Vergüt' es."
Ich sage Dir dazu nur „Hüt' – es!"

Thüringer Kloßrezepte

Großmutters Kloßrezept (⅔ – ⅓ Thüringer Kartoffelklöße)

Dieses Rezept stammt von der inzwischen verstorbenen Frau Adelheit Burkhardt aus Georgenthal in Thüringen, der Großmutter des Kloßpfarres Matthias Gose.

1 Eimer (10 l) große Kartoffeln schälen, davon ca. 5 bis 6 große Kartoffeln (Füllmenge für einen kleineren Topf) zu Kartoffelbrei kochen, so dass zwei Drittel roh bleiben, ein Drittel der Kartoffeln gekocht wird. Die rohen Kartoffeln reiben und auspressen, das Kartoffelwasser auffangen und stehen lassen, bis sich die Stärke abgesetzt hat. Den ausgepressten Kartoffelschab in eine Schüssel geben und mit dem heißen und dünnen Kartoffelbrei übergießen, gut vermengen, dabei salzen. Aus dem Kloßteig ca. 6–7 Klöße formen, in Butter gebratene Brötchenwürfel in die Mitte der Klöße einarbeiten (mindestens drei), sorgsam nachrunden und darauf achten, dass keine Semmelbröckchen aus dem Kloß hervorschauen. Klöße solange in Salzwasser ziehen lassen bis sie sich vom Topfboden lösen und zu schwimmen beginnen, dabei darauf achten, dass das Wasser nicht sprudelnd kocht, dann die Hitze wegnehmen und noch ca. 15 bis 20 Minuten ziehen lassen.

Thüringer Klöße mit Milch

Wenn die Bauern in früheren Zeiten über mehr und nahrhaftere Lebensmittel verfügten, wurden diese auch stets verarbeitet. Zum Beispiel Milch und Eier oder Butter verwendet. Einerseits wurden damit die Überschüsse verbraucht, die sich nur schlecht lagern ließen, andererseits konnte man so seinen Status zum Ausdruck bringen: „Wir können es uns leisten …“.

1,5 kg rohe, mehlig kochende Kartoffeln
0,5 kg gekochte Kartoffeln
¼ l Milch, 40 g Butter
1 EL Salz
1–2 altbackene Semmeln
ca. 5 l Salzwasser zum Kochen

Die rohen Kartoffeln schälen und in eine große Schüssel mit kaltem Wasser reiben, stehen lassen, bis sich die stärkehaltige Masse abgesetzt hat. Das überstehende Wasser vorsichtig abgießen, die Kartoffelmasse in einen Presssack (Leinensäckchen) oder sauberes Leinentuch geben und über einer Schüssel kräftig ausdrücken. Die Flüssigkeit auffangen, nachdem sich in der Flüssigkeit die Stärke abgesetzt hat, das überschüssige Wasser wieder abgießen. Die gekochten Kartoffeln ebenfalls zerreiben und zusammen mit den rohen geriebenen Kartoffeln zur Stärke geben. Die Milch erhitzen, dazu geben, salzen und alles zu einer glatten Teigmasse verkneten. Die Semmeln in Würfel schneiden und in Butter schön knusprig rösten. Aus der Teigmasse von Hand die Klöße formen, in die Mitte 3–5 Semmelbröckchen einarbeiten und den Kloß wieder schön runden (als Vorbereitung am besten eine Schüssel mit kaltem Wasser bereitstellen und die Hände immer gut nass machen). In einem großen Topf reichlich gesalzenes Wasser aufkochen und die Klöße vorsichtig in das Wasser gleiten lassen (am besten mit einem Schaumlöffel), Hitze wegnehmen. 15 bis 20 Minuten auf niedriger Stufe garen lassen, die Zeit richtet sich natürlich nach der Größe der Klöße, dann herausheben, gut abtropfen lassen und auf vorgewärmten Tellern servieren.

Anmerkung: Geübte Kloßköche formen die Klöße natürlich frei mit der Hand und geben sie auch „frei Hand" ins Wasser. Dabei sollte man aufpassen, dass das heiße Wasser nicht hochspritzt. Außerdem ist darauf zu achten, dass die Klöße nicht lang über die Fingerspitzen ins Wasser gleiten, sondern über den Handballen sanft abrollen. Dadurch vermeidet man Fingerabdrücke im fertigen Kloß.

Kloßvariationen

So ernst die Thüringer die Kloßologie nehmen, so kreativ können sie aber auch sein, wenn es darum geht, schmackhafte Varianten ihres Thüringer Kloßes auf den Tisch zu bringen – gerade weil sie nicht auf ihn verzichten wollen. Einige Rezepte sind im Folgenden zusammengefasst.

Wickelklöße

Pikante Klöße mit Hackfleisch gefüllt

1 kg Kartoffeln, 100 g Mehl
2 Eier, Salz, Pfeffer
125 g Schinkenspeck- oder Bauchspeckwürfel
250 g Hackfleisch, halb Rind, halb Schwein
2 EL geröstete Semmelbrösel

Die Kartoffeln werden in der Schale gekocht, gepellt und durch die Kartoffelpresse gedrückt. Diese Masse in einer Schüssel mit Mehl und Eiern vermischen und mit Salz und Pfeffer würzen. Den Speck gegebenenfalls noch in Würfel schneiden, in einer zweiten Schüssel mit dem Hackfleisch und den Semmelbröseln vermischen und mit Salz und Pfeffer würzen. Den Kartoffelteig und die Hackfleischmasse in je acht Portionen teilen. Jede Teigportion flachdrücken, etwas Fleischfüllung darauf geben und alles zu einem Kloß formen. In einem Kloßtopf Salzwasser zum Kochen bringen und die Klöße im siedenden Wasser 20 Minuten gar ziehen lassen.

Stärkknölle aus der Gegend um Lauscha

1 kg Kartoffeln
Salz, frisch geriebene Muskatnuss
250 g Kartoffelmehl (Stärke)
¼ l Milch, 20 g Butter
100 g Weißbrot

Die Kartoffeln werden wie vorher in der Schale gekocht, gepellt, durch die Kartoffelpresse in eine Schüssel gedrückt und mit etwa zwei Teelöffeln Salz und dem Muskat gewürzt. Danach die Milch erhitzen, die Kartoffelmasse mit der Kartoffelstärke vermischen und zusammen mit der heißen Milch zu einem glatten Teig verarbeiten. Das Weißbrot in kleine Würfel schneiden. Mit Butter in einer Pfanne goldbraun rösten. In einem großen Topf reichlich Salzwasser zum Kochen bringen. Aus dem Teig acht Klöße formen, dabei die gerösteten Brotwürfel in die Mitte geben. Die Klöße in den Topf geben und 20 Minuten im siedenden Wasser ziehen lassen.

Thüringer Serviettenkloß

Auch der Serviettenkloß gehört zur großen Thüringer Kloßfamilie. Beim Garen in der Serviette braucht er Platz zum Aufgehen. Man nimmt in der Tat dazu eine Stoffserviette, die nach dem jeweiligen Waschen nicht mit Weichspüler behandelt sein darf. Dieses aus einer Wasunger Familiensammlung stammende Rezept reicht für einen Serviettenkloß für 10 Personen.

16 Brötchen
½ l lauwarme Milch, 4 Eier
Salz, 1 TL geriebene Muskatnuss

Die Brötchen in ca. fünf Zentimeter große Würfel schneiden und in eine Schüssel geben. Die Milch mit den Eiern verquirlen, 1 Teelöffel Salz und frisch geriebene Muskatnuss zugeben und die Mischung über die Brötchenwürfel gießen. Alles gut miteinander vermengen und zu einem großen Kloß formen. In einem großen Topf reichlich Salz-

wasser zum Kochen bringen. Den Kloß in die Mitte einer gebrühten Serviette geben, Enden mit einem Bindfaden zusammen binden und in das siedende Wasser geben. Jetzt darauf achten, dass der Kloß nicht den Boden des Topfes berührt. Dafür gibt es spezielle Topfeinsätze, die eigentlich zum Dämpfen verwendet werden. Die Garzeit beträgt etwa eine Stunde. Nach der Hälfte den Serviettenkloß einmal wenden. Wenn der Serviettenkloß gar ist, wird er aus der Serviette genommen und auf einem großen Teller oder einer entsprechenden Platte platziert. Dann wird er ähnlich wie eine Torte aufgeschnitten.

Fauleweiberklöße (Halbseidene Klöße)

„Fauleweiberklöße" werden sie genannt, weil man glaubte, dass manche Köchinnen (Hausfrauen) zu faul zum Reiben waren und sich deshalb die Mischung aus gekochten Kartoffeln und Kartoffelmehl ausdachten. Heute spielt das keine Rolle mehr. Wer es unbedingt schnell haben will, greift sowieso zur vorgefertigten Kartoffelkloßmasse, die es in unterschiedlicher Qualität zu kaufen gibt. Die Halbseidenen haben sich längst genau wie die „echten Thüringer Klöße“ ihren Platz auf den Tischen der Thüringer erobert.

6 große mehligkochende Kartoffeln
400 g Kartoffelmehl, 2 Semmeln, 30 g Butter
1/8 l Milch, 1 Ei, Salz

Die Semmeln in Würfel schneiden. Die Butter in einer Pfanne zerlassen und die Würfel darin goldgelb braten. Die Kartoffeln in der Schale gar kochen, pellen, durch die Kartoffelpresse in eine Schüssel drücken und mit dem Kartoffelmehl vermischen. Die Milch zum Kochen bringen, über die Kartoffelmasse gießen, das Ei und 1 Teelöffel Salz zufügen und alles gut verkneten In einem großen Topf reichlich Salzwasser zum Kochen bringen. Mit nassen Händen sechs bis acht Klöße formen und jeweils einige Semmelwürfel in die Mitte geben. Die Klöße in das kochende Wasser einlegen und bei schwacher Hitze

20 Minuten ziehen lassen. Die Klöße herausnehmen und sofort aufreißen, damit sie nicht zusammenfallen.

Wenn Klöße übrig bleiben...

Kein Problem, am nächsten Tag oder schon zum Abendessen aufgebackene Klöße machen. Dazu die restlichen Klöße in dicke Scheiben schneiden und in Butter schön goldbraun braten. Zum Beispiel so:

Kloßvariationen

Kartoffelklöße mit Eiern

4 Thüringer Klöße
100 g durchwachsener Speck
1 Zwiebel, 1 TL Basilikum
30 g Butter, 6 Eier
2 EL Milch, 2 EL süße Sahne
Salz, etwas geriebene Muskatnuss

Die Klöße in Scheiben, den Speck in kleine Würfel schneiden. Die Zwiebel schälen und fein hacken. Die Butter in einer Pfanne zerlassen und die Speck- und Zwiebelwürfel darin anbraten. Die Kloßscheiben hineingeben, auf beiden Seiten goldbraun braten und mit Basilikum bestreuen. Die Eier mit Milch und Sahne verquirlen, salzen und den Muskat einrühren. Die Mischung über die Kloßscheiben geben und stocken lassen.

In Thüringen wird zum Anbraten gerne gewürfelter, gut durchwachsener Speck (auch Bauchspeck, ersatzweise Baconwürfel) verwendet. Das gibt dem Fleisch das hier vertraute Aroma. Vom Anbraten in Öl bei großer Hitze hält man in der traditionellen Thüringischen Küche weniger. Man greift lieber stolz zur „guten Butter“ und brät bei mittleren Temperaturen. Dadurch tritt viel Fleischsaft aus, der die Basis für den Geschmack und von viel guter Soße bildet.

Die moderne Küche schreibt jedoch das genaue Gegenteil vor: rasches, kurzes Anbraten bei großer Hitze. Deshalb finden sich in den meisten Kochbüchern Rezepte, bei denen Öl verwendet wird. Öl, insbesondere raffiniertes Pflanzenöl, hält höhere Temperaturen aus und verschließt die Fleischfasern. Dadurch bleibt der Braten saftig.

Den Thüringern – und den versierten Kloßologen – geht es jedoch in erster Linie um die Klöße, und ein Kloß braucht Soße!

Anleitung zur Kloßherstellung Schritt für Schritt

Die echten, handgemachten Klöße von Matthias Gose

Rezept für ca. 8–10 Thüringer Klöße

3 kg geschälte rohe Kartoffeln
2 TL Salz, 1 EL Kartoffelstärke
geröstete Weißbrotwürfel

Schritt für Schritt

- *⅓ der Kartoffeln (1 kg) in Stücke schneiden,*
  in ¾ l Wasser gar kochen und
  mit dem Kochwasser zu einem Brei zerdrücken.
- *Die restlichen Kartoffeln reiben,*
  die austretende Flüssigkeit vorsichtig abgießen
  (damit die Stärke aufgefangen wird)
  und den Reibisch (Schab) gut ausdrücken
  (Flüssigkeit aufheben).

Schritt für Schritt

- *In eine Schüssel geben, auflockern, salzen, Kartoffelstärke untermischen und den kochenden Kartoffelbrei darüber schütten (geht auch anders herum: Reibisch in kochenden Kartoffelbrei geben).*
- *Mit dem Holzlöffel verrühren, bis sich der Kloßteig von der Schüssel löst.*
- *Klöße formen und die gerösteten Weißbrotwürfel in die Kloßmitte geben.*

Schritt für Schritt

- *In kochendes Salzwasser gleiten und leise wallen lassen.*
- *Wenn sie oben schwimmen, Topf vom Herd nehmen und 10 Minuten ziehen lassen.*
- *Herausnehmen und heiß servieren.*

Klöße aus Kloßmasse und geriebenen Kartoffeln von Torsten Laudien

750 Gramm Kloßmasse reichen für drei bis vier Personen. Aber das richtige Kloß-Feeling kommt dabei nicht auf. Deshalb versuche ich, wann immer es geht, die Masse mit geriebenen Kartoffeln aufzupeppen.

1 Paket Kloßmasse, rohe Kartoffeln
eine Scheibe Weiß- oder Toastbrot
Butterschmalz oder anderes Bratfett, Salz

Die Kloßmasse einige Stunden vorher aus dem Kühlschrank nehmen und in einer Schüssel mit einer Gabel „zerpflücken".
Eine Scheibe Weiß- oder Toastbrot entrinden und in kleine Würfel schneiden. Die Würfel werden in Butterschmalz oder anderem Bratfett bei milder Hitze goldbraun angeröstet. Das Brot saugt ziemlich viel Fett auf, deshalb nicht sparsam sein.

Wer zum Beispiel Ente oder Gans macht, kann das überschüssige (ausgelassene) Fett zum Anrösten der Würfel nehmen, das verändert den Geschmack. Wenn die Würfel fertig sind, beiseite stellen.

Die Anzahl der verwendeten Kartoffeln richtet sich nach der Anzahl der „Mitesser", einen Anhaltspunkt habe ich in der Einleitung gegeben.
Kartoffeln schälen, waschen und reiben. Das kann man mit der Hand machen oder einer Küchenmaschine die Arbeit überlassen. Dann aber bitte die feinste Reibe nehmen. Die geriebenen Kartoffeln kräftig ausdrücken. Ich mache das in kleinen Portionen mit der Hand, es geht aber auch in einem Küchentuch oder einer Stoffserviette. Die sollte dann aber mit klarem Wasser gewaschen und ausgespült sein. Die hohe Schule ist natürlich die Verwendung eines Kloßsacks und einer Kloßpresse, die es jetzt wieder im Fachhandel gibt. Wichtig ist, dass die Masse wirklich mit viel Kraft ausgedrückt wird, sonst zerfallen die Klöße. Die Sorte der Kartoffeln ist nach meiner Erfahrung ziemlich

Heichelheimer
Thüringer Kloßmanufaktur
Für 8-12
Original Thüringer Klöße
oder Echte Thüringer
Kartoffelpuffer
Tiefgefroren
500g ℮
Rohe
Kartoffelmasse
aus frisch geriebenen, rohen,
in Leinensäcken ausgeschleuderten Kartoffeln

egal. Experten schreiben, dass man nur mehlig kochende verwenden soll. Die haben wir aber nur selten. Mit festkochenden Kartoffeln funktioniert es auch.
Die geriebenen und ausgedrückten Kartoffeln mit der Kloßmasse gut vermengen und verkneten. Es sollte am Ende dieses Prozesses ein recht fester Teigklumpen entstanden sein. (Wenn nicht, alles wegwerfen und den Pizzaservice bestellen, denn dann besteht die Gefahr, dass die Klöße beim Kochen zerfallen.)

In der Zwischenzeit sollte man schon in einem großen Topf ausreichend viel kräftig gesalzenes Wasser zum Kochen bringen.
Die Masse mit feuchten Händen zu Klößen rollen, ein Loch in die Mitte drücken, ein bis drei Bröckchen einfüllen und alles wieder schön rund rollen. Die fertig gerollten Klöße auf einem Teller zwischenlagern.

Wenn alle Klöße gerollt sind und das Wasser sprudelnd kocht, alle Klöße in das Salzwasser geben, ohne sich die

Hände zu verbrühen. Jetzt wird das Wasser erst mal aufhören zu kochen – klar, der Temperaturunterschied! Deckel drauf. Wenn das Wasser wieder kocht, kann man die Kochplatte abschalten. Dann dauert es etwa fünf Minuten, bis die Klöße oben schwimmen.
Nach weiteren etwa 20 Minuten sind sie gar. Man kann sie aber noch weiter im heißen Wasser belassen, besonders wenn nicht alle sofort serviert werden, da passiert nix.

Kloßsiegel

Wer wirklich sicher sein will, dass beim Essen im Restaurant, Gasthaus oder Hotel echte Thüringer Klöße auf dem Teller liegen, sollte auf das Kloßsiegel achten. Mit diesem Siegel garantieren Thüringer Gastronomen seit dem Sommer 2013 die originale Zubereitung und Qualität dieses kulinarischen Kleinods der heimischen Küche. Hüter der reinen Kloßlehre unter den Gastronomen des Freistaats haben sich darauf verständigt, welche Kriterien ein Kloß erfüllen muss, damit er mit Fug und Recht Thüringer Kloß genannt werden darf. Folgende drei Punkte müssen erfüllt sein, um das Kloßsiegel zu erlangen, das nur von in Thüringen ansässigen Gastronomen geführt werden darf.

- Thüringer Klöße sind rohe Kartoffelklöße, bei denen die Kartoffeln zu mindestens 51 Prozent in Thüringen angebaut sein müssen oder der verwendete Kloßschab unter ausschließlicher Verarbeitung Thüringer Kartoffeln in Thüringen hergestellt sein muss.

- Die Verarbeitung und Herstellung nach Thüringer Rezeptur bedeutet ⅓ gekochte Kartoffeln und ⅔ geriebene Kartoffeln.
- Die Thüringer Klöße müssen vor Ort als hausgemachte Klöße jeweils frisch hergestellt werden.

Zu diesen Punkten müssen die Gastwirte und deren Köche eine Ehrenerklärung abgeben. Das Kloßsiegel wird einmal im Jahr u. a. von der Heichelheimer Kloßmarie im Rahmen eines festlichen Events an die Wirte überreicht. Im ersten Jahr (2013) haben es 21 Orte der Gastlichkeit erringen können. Inzwischen ist deren Zahl auf 49 angewachsen.
Die aktuelle Auflistung der Gastlichkeiten, die das Kloßsiegel führen dürfen, und weitere Informationen zum Siegel findet man im Internet unter
→ www.thueringen-welt.de

Kloßgipfel: Treffen der Freunde des originalen und handgemachten Thüringer Kloßes. Zum Kloßgipfel versammeln sich Gastronomen, Tourismus- und Marketing-Fachleute, die das historisch-kulinarische Erbe Thüringens pflegen wollen. Eines der Projekte des Kloßgipfels ist das Kloßsiegel.

Kloßmanufaktur: Die Thüringer Kloßmanufaktur Heichelheim ist einer der führenden Kartoffelverarbeitungsbetriebe Thüringens. Der Begriff Manufaktur wurde gewählt, um auf den besonderen Qualitätsanspruch des Unternehmens hinzuweisen. Die Kloßmanufaktur ist Teil der Thüringer Kloßwelt.

Kloßmarie: Was die zahllosen Weinköniginnen für die deutschen Winzer sind, ist die Heichelheimer Kloßmarie für die Kartoffelbauern und Kloßhersteller der Region. Die Kloßmarie ist bei allen öffentlichen Veranstaltungen der Heichelheimer dabei und vertritt das Unternehmen auch bei Messen, wie der

Grünen Woche. In Meiningen heißt die entsprechende Person „Hütes-Holle“. Sie übergibt nach dem jährlichen Umzug zum Hütesfest dem Meininger Bürgermeister das originale Rezept mit den Worten: „Du Sohn uralten Stadtgeblütes, hier hast Du das Receptum. – Hüt’ es!“

Kloßmasse: Als Kloßmasse bezeichnet man eine vorgefertigte Mischung aus rohen und gekochten Kartoffelanteilen, die für die Herstellung von Thüringer Klößen verwendet wird. Zumeist wird der Begriff heute für marktübliche Fertigteigmischungen verwendet. Kloßmassen werden gekühlt angeboten, enthalten alle Bestandteile in vorgefertigter Mischung und können vom Verbraucher sofort zubereitet werden. Darüber hinaus wird tiefgefrorene Kartoffelrohmasse (Kartoffelraspeln) angeboten, die vom Hersteller noch nicht mit Kartoffelbrei versetzt wurde. Sie kann geschmacklich fast an handgeriebene Thüringer Klößen heran reichen.

Kloßmuseum: Im Thüringer Kloßmuseum Heichelheim gibt es Interessantes, Kurioses und Besonderes rund um des Thüringers Leibgericht zu entdecken. So findet man dort nicht nur zahlreiche Ausstellungstücke rund um die Kloßherstellung, Antworten auf außergewöhnliche Fragen (z. B.: „Kannte Goethe Klöße?"), sondern auch den wahrscheinlich größten begehbaren Kloß mit einem Film zur Kloßherstellung sowie den wahrscheinlich kleinsten Kloß der Welt.

Kloßpfarrer: Kloßpfarrer Matthias Gose ist derzeit bedeutendster Vertreter der „Kloßologie", der Wissenschaft vom Thüringer Kloß. Der studierte Historiker ist als Stadtführer in Erfurt tätig und gibt sein Wissen über den Thüringer Kloß und dessen originale Herstellung in speziellen Seminaren an interessierte Hobbyköche weiter.

Kloß-Pommes: Für Vertreter der reinen Lehre der Kloßologie sind sie ein Sakrileg. Vielleicht führen sie aber die junge Generation wieder an die Thüringer Klöße heran. Kloß-Pommes sind eine eher zufällig entstandene Erfindung des Gastronomen Jens Löser aus Stützerbach in Südthüringen. Er ist einer der ersten Inhaber des „Kloßsiegels". Am Anfang stand die Herausforderung: Wohin mit dem Kloßteig, der am Tag nicht verarbeitet wurde? Daraus entwickelte Löser ein inzwischen patentiertes Geheimrezept. Dabei kommt es besonders auf die Konsistenz an, damit die Kloß-Pommes in der Fritteuse nicht zerfallen. Hergestellt werden die Kloß-Pommes jedoch nach den Qualitätskriterien des „Kloßsiegels". Servieren kann man die Kloß-Pommes sowohl klassisch zum Sonntagsbraten als auch zu „kurz Gebratenem" und Fischgerichten. Aber auch mit süßen Beilagen wie Apfelmus, heißen Himbeeren und Eis oder auch als „Fernseh-Knabbergebäck" haben die Kloß-Pommes ihre ersten Liebhaber gefunden.

Kloßpresse: Gerät, mit dem der Kartoffelschab, also die geriebenen rohen Kartoffeln, auf mechanischem Weg ausgepresst werden. Dazu wird der Schab in ein Leinensäckchen gefüllt und dies dann in der eigentlichen Kartoffelpresse ausgedrückt, bis die Masse fast trocken ist. Alte Kloßpressen werden in Thüringer Familien von Generation zu Generation weiter vererbt. Neue Modelle sind im Fachhandel erhältlich.

Kloßpressenmuseum: Das im Jahr 1996 eröffnete 1. Deutsche Kloßpressenmuseum ist Bestandteil des Thüringer Wald Kreativ Museums in Großbreitenbach. Den Besucher erwartet eine kleine kulturhistorische Reise von der Kartoffel zum Thüringer Kloß.

Kloßreibe: Bei diesem Gerät handelt es sich um eine spezielle Reibe, um damit rohe Kartoffeln zu Schab zu verarbeiten. Als Material wurde zumeist Messing verwendet, weil das Metall nicht mit der stärkehaltigen Flüssigkeit reagiert, die beim Reiben entsteht.

Zu DDR-Zeiten wurden zu diesem Zweck oftmals Entsafter verwendet, um die Hausfrauen von der aufwändigen und anstrengenden Handarbeit zu entlasten, bei der man sich auch leicht verletzen konnte.

Kloßweg: Der Kloßweg ist ein Internetangebot der Thüringer Kloßmanufaktur Heichelheim. Anhand einer auf Google Maps basierenden Karte kann der Konsument den Weg der Kartoffel vom Feld des Kartoffelbauern zur Verarbeitung im Werk nachvollziehen. Damit garantiert der Hersteller maximale Transparenz in allen Produktionsstufen.

Kuschelkloß: Der Kuschelkloß ist eine von mehreren Sympathiefiguren, die als Marketinginstrumente für den Thüringer Kloß dienen. Beim Kuschelkloß handelt es sich um eine kugelrunde Plüschfigur mit lustigem Gesicht, die in verschiedenen Größen erhältlich ist. Eine weitere Figur dieser Art ist „Klaus, der Kloß“, der sogar eine eigene Internetseite hat.

Kloßlied: Der 14-jährige Fritz Wagner aus Zella-Mehlis landete Ende 2012 mit seinem Kloßlied einen Hit, der auf der Videoplattform YouTube bislang millionenfach angeklickt wurde. Der junge Sänger hofft, dass sein Lied einmal dieselbe Popularität habe werde, wie das berühmte Rennsteiglied seines Vorbildes Herbert Roth.
→ https://youtu.be/qJe3cdM7f1c

Kloßrekord: Für mehr bundesweite – und schließlich auch internationale – Aufmerksamkeit sorgte eine ganz andere Kloßaktion. Am 1. Mai 2010 fand auf dem Alten Markt in Jena ein Guinness-Rekordversuch statt, bei dem der größte Kartoffelkloß der Welt gegart und anschließend auch verkostet wurde. Der Kloß, der zirka acht Stunden garziehen musste, hatte einen Durchmesser von 95 Zentimeter und ein Gewicht von 365 Kilogramm.

Literatur/Quellen

- Ruth Borcherding-Witzke, Silvija Hinzmann (Hrsg.): Mord zwischen Klüeß und Knölla, Hütes und Hebes. Kulinarische Kurzkrimis aus Thüringen (Halle 2007)
- garant Verlag (Hrsg.): Thüringer Küche (Renningen 2011)
- Johanne Leonhard: Das Thüringer Koch- und Backbuch der Johanne Leonhard, Arnstadt 1842 (Hrsg. von S. Becker & M. Kirchschlager, Arnstadt 2011)
- RhinoVerlag (Hrsg.): Unser Thüringer Kartoffel- und Kloßbuch (Arnstadt/Weimar 1999)
- Harald Saul, Familienrezepte aus Thüringen. Geschichten und Rezepte aus alter Zeit (Leipzig 2001)
- Heinz Sonntag: Das Thüringer Kloßbüchlein (Erfurt 1999)
- Klaus Teuber: Alte Thüringer Küche (Potsdam 2010)
- Gerhard Wagner: Schwein gehabt! Redewendungen des Mittelalters (Rheinbach 2012)
- www.die-kartoffel.de/im-boden/sorten/
- Das Thüringische Kochbuch, besonders für Hausmütter mittleren Standes eingerichtet (Erfurt 1788)
- Das große Thüringisch-Erfurtische Kochbuch (1797)
- Das älteste bislang bekannte Rezept für „Thüringer Klöße/Rohe Klöße“ stammt von Pfarrer Friedrich Timotheus Heim aus Effelder (bei Sonneberg), handschriftlich: „Topographie des Pfarrspiels Effelder“, 1808–1814 entstanden
- G. Göllner: Thüringer Klöße (Hütes). Weihnachtsbrauchtum. (Rezept in Reimen). In: Hörselberg Bote, 1993, Heft 15, S. 38

Die Rhino-Westentaschen-Biblioth

Unser komplettes Programm finden Sie im Internet unter: shop.vggh.de

Neuerscheinung

ie Rhino-Westentaschen-Bibliothek

ühjahr 2023

RHINOVERLAG